BRIEVE EXPLICATION DU JEU

DU

POINT AU POINT,

SELON L'ORDRE
des Emblemes qu'il contient.

I. Sur l'état du peché Originel.
II. Sur l'état de la Grace.

A DIJON

Par Jean Ressayre Imprimeur & Libraire, vis à vis du College.

M. DC. LXXXIII.

AVEC PERMISSION.

PREFACE
AU LECTEUR.

JE vous presente un Jeu d'une nouvelle façon, où le serieux est joint au divertissant ; & où l'on apprend, en joüant, les belles maximes de la sagesse. Comme on se plait au Jeu & aux figures, & sur tout aux Emblemes, j'ay crû que je pouvois profiter de cette inclination naturelle, & sanctifier un plaisir si commun, en faisant de son objet une source agreable de saintes Instructions. Ce Jeu aura, comme j'espere, cét avantage par dessus les Livres, qui traittent, des mémes matieres, que les figures emblematiques, dont il est composé, serviront à les imprimer plus fortement dans l'imagination &

PREFACE.

dans la memoire, l'Embleme, qui n'eſt qu'une comparaiſon, étant telle de ſa nature, qu'elle explique ſenſiblement & d'une maniere ingenieuſe une choſe moins connuë par une autre, qui l'eſt plus, & facilitant ainſi l'intelligence des ſpirituelles par les corporelles.

Tout ce qui paroît en la Carte de ce Jeu, tient du myſtere, les ſymboles, la diſpoſition, & les divers incidens qui en font le plaiſir. Ce Livret vous en découvrira tous les ſecrets avec des reflexions ſalutaires, qu'il y fait en abregé, leſquelles peuvent ſervir de lecture & de meditation dans la Ville & aux champs, où le peuple paſſe les Saints jours de Feſte à ne rien faire, ou à mal faire. C'eſt pourquoy Meſſieurs les Curés, qui ont un peu de zele, ont ici un grand moyen & fort aiſé d'inſtruire leurs Paroiſſiens en particulier, & dans leurs Prônes, des grandes veritez du Chriſtianiſme : comme auſſi tous les Peres & Meres d'enſeigner agreablement à

PREFACE.

leurs enfans & à leurs domeſtiques,
les devoirs qu'ils ſont obligés de rendre à Dieu, en leur montrant l'horreur du vice & la pratique de la vertu, dont ils trouveront de grands motifs en ce Livret; je l'ay conduit ſelon la Carte du Jeu; mais je me diſ-
poſe, avec le ſecours de Dieu, à luy
donner une autre forme & à l'embel-
lir de pluſieurs autres Emblemes ſur
les vertus, & de toutes les Hiſtoires
qui y ont du rapport, leſquelles je
tireray de l'Ecriture ſainte, tant qu'elle en fournira, afin d'être plus utile;
je les mettray entre les mains d'un
bon Graveur, qui fera voir d'une
même vûë & l'Emblême & l'Hiſtoire.
Mais en attendant, recevés-le d'auſſi
bon cœur, que je vous ſouhaitte le
bon-heur eternel, dont il eſt la fin,
& que vous gagnerés fort aiſément,
ſans beaucoup riſquer, en joüant in-
nocemmenr; pourvû que vous vous
donniés la peine de faire un peu de
reflexion ſur la conduite du Jeu, &
ſur le grand ſens qu'il contient dans

PREFACE.

ses Emblemes. Il y arrivera que vous tomberés souvent dans le peché, & autant de fois dans une penitence plus rude, & que peut-être vous tomberez dans l'enfer plûtôt que dans le Paradis, faites une serieuse reflexion tout en joüant, qu'il vaut mieux y aller en figure, qu'en effet, & là dessus faites-vous toûjours meilleur & plus homme de bien ; vous en aurez des moyens & des motifs sur la fin de ce Livret.

Regles du Jeu.

ON joüe à ce Jeu comme au jeu de l'Oye, avec une boulette à 12. faces, & on se pose sur les chifres marqués sur la Carte, selon le nombre qu'on amene, même plusieurs s'y posent, s'ils s'y rencontrent.

Comme j'ay renfermé dans ce Jeu toute la vie de l'homme, & que je l'ay fait pour les Iroquois, lors que j'êtois chés eux, afin de leur montrer leur êtat & celuy du Chrétien, j'y ay aussi renfermé l'état du péché originel, par où le Jeu commence, quoy qu'on puisse absolument commencer à joüer par le Baptéme, qui est l'entrée de l'Eglise; & pour lors tous mettent l'enjeu, dont on convient.

Que si on commence par la chûte d'Adam, & qu'on amene en jettant la boulette 9. ou plus, on se posera au Baptéme, sans passer outre, parce qu'il est proprement l'entrée de l'Eglise, & pour lors chacun à son tour mettra son enjeu, comme si on commençoit par là.

Le 4. c'est la Charité, quiconque y tombe, ou dans quelqu'une des œuvres de Misericorde, marquées 11. 24. 31. 40. 45. il prend un enjeu, pour luy faire entendre, que jamais on ne la fait aux miserables, que Dieu ne la recompense.

Le 7. c'est l'Embleme de la Grace, si on y tombe de quelque façon que ce soit, pour mon trer les progrés qu'elle attend de celuy à qui Dieu la donne , il ira se poser à 47. afin d'y apprendre à dompter ses passions , dont la victoire en est l'effet ; & pour cela il demeurera là pendant que les autres joüeront deux fois.

Qui tombera dans une Embleme de la Grace, qu'elle quelle soit , il doublera son nombre , c'est à dire, qu'il avancera encore une fois autant qu'il aura amené. Et s'il arrive qu'en doublant il tombe dans un peché mortel , il reculera dans l'Embleme precedente sans mettre d'enjeu, la Grace ne portant jamais au peché : Il en est de même du peché veniel, duquel on doit reculer dans l'œuvre de Misericorde qui precede, sans mettre d'enjeu.

Si vous doublés de Grace en Grace par le nombre 7. vous ne passerés pourtant pas 47. & y demeurerez, comme on a dit.

Le 14. e'est l'Embleme de la Grace Actuelle, quand-on y va, on recule à 6. pour faire penitence de ce qu'on l'a trop méprisée ; & comme on ne met point d'enjeu, aussi n'y demeure t'on pas , mais on joüe à son tour.

Quiconque tombe dans le peché mortel met un enjeu, & le multiplie autant qu'il y tombera de fois, c'est à dire , la premiere fois il mettra un enjeu, la seconde fois deux, la troisiéme fois, trois, & ainsi toûjours de même ; & ira dans l'Embleme 6. pour y faire penitence ; & y demeurera aussi long-temps sans joüer, qu'il y sera tombé de fois ; ou dans l'Embleme 36. si on a passé ce nombre.

du Jeu.

Si on tombe à 25. qui est le Scandale, ou à
39. qui suit le Commandement de ne point déro-
ber, on mettra deux enjeus, l'un pour le peché
mortel, & l'autre pour la restitution & sur le
Scandale, afin de le reparer

Quand on tombe au Peché Veniel, on recule
d'un pas dans l'Embleme precedente de l'œuvre
de Misericorde pour l'effacer par là. Si neanmoins on tombe dans le peché veniel 32. on mettra un enjeu, à cause que le peché veniel conduit
au mortel; & en effet en regardera cette Embleme, comme celle d'un peché mortel; & on en
ira faire penitence à 6.

Le 15. c'est le Mariage, on paye un enjeu pour
les droits du Curé, & on y demeure sans joüer
pendant que les autres joüent trois fois, pour
signifier la publication des trois bans.

Le 46 c'est l'Indulgence, on prend un enjeu
& si quelqu'un est tombé dans le Purgatoire, &
qu'on l'en veüille tirer pour le mettre en Paradis, celuy qui en est tiré, donne deux enjeus de son gain à son liberateur; il luy sera
neanmoins libre d'en sortir par cette voye, ou
d'attendre jusques à la fin du jeu.

A 48. on saluë la sainte Vierge d'un Ave.
Maria, qu'il faut dire sur le champ à genoux.

A 54. on dit, Tantum ergo, &c. pour apprendre la devotion au Saint Sacrement, & à
l'accompagner, quand on le porte aux malades.

A 55. on met un enjeu pour payer les dîmes.

Le 59. c'est l'Impenitence finale, quiconque y

Régler du Jeu.

tombe, ou dans la mauvaise mort 66. est damné, & donne deux enjeux, comme celuy qui tombe directement dans l'Enfer.

Le 63. c'est la Grace Finale ; de laquelle & de la bonne Mort on va en Paradis.

Le 68. c'est le Purgatoire, on y demeure jusqu'à ce qu'on en soit tiré par quelqu'un, qui luy appliquera l'Indulgence, laquelle on gagne à 46. ou jusqu'à ce que le Jeu soit fini, & pour lors il prendra tout ce qui restera sur le jeu, & le tout, si personne n'est allé en Paradis.

Le 71. c'est le Paradis, il faut amener un nombre juste pour y entrer ; cela étant, on prend la moitié de tous les enjeux ; & si on y est seul, on prend tout.

Le 72. c'est l'Enfer, on y tombe par un nombre juste, & par tout autre qui excede : ce nombre qui excede ne sert qu'à l'y enfoncer davantage, & n'est pas permis de reculer pour chercher un meillé sort, puis qu'on ne recule pas de l'Eternité, où l'on est une fois engagé. On met deux enjeux pour le Corps & pour l'Ame, puis que tout est perdu. Contentes-vous d'y tomber icy en figure, mais apprehendés d'y tomber un jour en effet.

Si personne n'est allé en Paradis on recommence le jeu comme l'on a fait, en laissant neanmoins tous les enjeux, sur lesquels, en recommançant, chacun met le sien, comme si on n'avoit point encore joüé, & ainsi du reste.

BRIEVE
EXPLICATION
DU JEU,
DU POINT AU POINT.

Selon l'ordre des Emblemes
qu'il contient.

Sur l'état du peché originel.

PREMIERE EMBLEME.

De la chûte d'Adam.

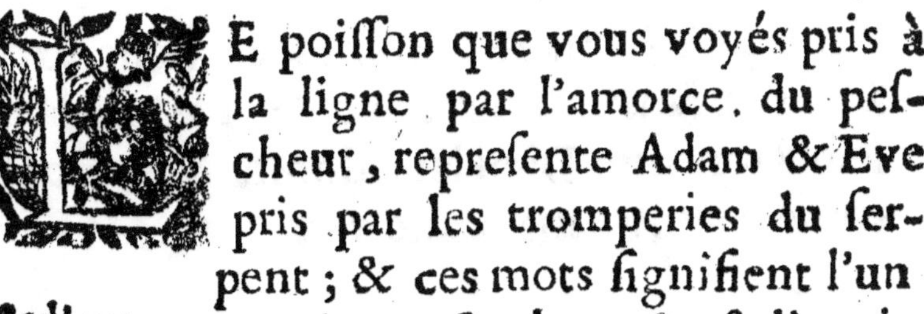

E poisson que vous voyés pris à
la ligne par l'amorce, du pes-
cheur, represente Adam & Eve
pris par les tromperies du ser-
pent ; & ces mots signifient l'un
& l'autre, *mors in morsu*, la mort est d'avoir

ord u ; celle du poisson , d'avoir mordu le
ver qui cachoit l'haim , & celle d'Adam &
d'Eve , d'avoir mordu la pomme , laquelle
sous sa belle écorce cachoit un abîme de
maux , dont Dieu les avoit ménacés.

La grand affaire d'un homme , est de faire
de continuelles reflexions sur tout , de peur
d'être trompé , & de bien considerer ce qui
se presente à faire , ou à omettre ; faute de
quoy il pert les biens temporels & eternels,
comme l'experience le fait voir.

II. EMBLEME.

Du peché originel.

IL est representé par un arbre , dont toutes les branches sont mortes , parce que le
tronc est dépoüillé de son écorce , *à trunco
exitium,* c'est à dire, le malheur des branches
vient du tronc : Le malheur aussi de tous les
hommes vient de nos premiers parens , qui
perdirent la justice originelle en desobeïssant
à Dieu. Le malheur des Familles & des enfans vient souvent des pechés des parens;
ainsi pere & mere , donnés de bons exem-
à vos enfans , & ne les perdés pas par la ma-
lediction que Dieu leur donne & à vous , à
cause de vôtre mauvaise vie.

III. EMBLEME.

De l'erreur, effet du peché originel.

Rror *ab ortu*, on s'égare dés l'entrée du labyrinthe que vous voyés, lequel vous represente le monde, où le peché originel a jetté tant de tenebres, d'ignorance, & de corruption, qu'on n'y voit que menfonge, que tromperie, que fineffe, & qu'hypocrifie; tout y eft fi mafqué, qu'on n'y fçauroit non plus trouver la verité que dans la cabanne d'un vieux finge : cela fait qu'on prend le bien pour le mal & le mal pour le bien, à caufe de la paffion, qui fait voir les chofes, autres qu'elles ne font en elles-mêmes; c'eft à dire, pures & vrayes, & telles que Dieu les a faites ; & fe voyant enfin trompé, on regrette inutilement ce qu'on ne fçauroit reparer. Qu'on prenne les nuës pour des païs habitables, & une étoille pour un clou d'or, c'eft une erreur fans préjudice ; qu'un païfan donne un diamant de dix mille écus pour cinq fols, parce qu'il ne penfoit avoir trouvé qu'un éclat de cryftal, il fouffre un intereft temporel dans fon erreur: mais quand l'erreur porte coup d'une éternité de bien ou de mal dans fon falut, & qu'on méprife les biens imméfes du Paradis pour ceux de la terre, comme le coq méprifa & rejetta une riche

perle pour un grain d'orge ; c'eſt une erreur
qu'on ne deplorera jamais aſſés. Apprenés
donc à connoître toutes les choſes dans leur
fond, ſans vous laiſſer prendre par ce qu'elles vous paroiſſent ; étudiez-les , & appre-
hendez-les , afin d'en faire l'eſtime & le
choix qu'elles meritent devant Dieu. La vertu eſt rude , & reſſemble à une chatagne,
dont la coque eſt heriſſée de pointes ; ne la
regardés pas par ce dehors affreux , mais en
ce qu'elle cache, qui eſt le bien ineſtimable
d'une bonne conſcience, l'amitié d'un Dieu,
& une eternité de gloire. Ne regardés non
plus les biens ni les plaiſirs du monde ſelon
vos ſens , qui trompent, autrement vous pe-
rirés avec une infinité de malheureux ; mais
regardés-les ſelon l'eſtime que Dieu en fait,
& par là vous trouverez la verité & la ſa-
geſſe, pour vous bien côduire dans ce grand
Labyrinthe du monde , où la pluſpart periſ-
ſent par leur aveuglement & par leur impru-
dence. *Stultorum infinitus numerus.*

IV. EMBLEME.

De la haine que le demon porte à l'hôme.

IL y a icy une groſſe araignée, qui a tendu
ſes toilles fort au large , afin de prendre
des mouches, avec ces mots : *dolus omnia &*
omnia virus tout n'eſt que fineſſe & poiſon.

Tel eſt le demon envers l'homme ; ne pouvant violenter ſa liberté , il employe une
infinité de ruſes ſelon les perſonnes qu'il attaque , afin de les perdre en les trompant. Son
poiſon eſt dans ſa haine ; & quelque bien
apparent qu'il propoſe , pour attirer l'homme , c'eſt toûjours à deſſein de le faire tomber par le peché dans l'abîme, où il s'eſt precipité, comme vous voyez dans Adam & Eve.

Ayés donc un grand ſoin de prendre garde
à tout , & veillés continuellement ſur les
paſſions , d'intereſt , de plaiſir, & de vengeance , dont le demon ſe ſert fort adroite-
ment , pour vous prendre par cela même que
vous aimés.

V. EMBLEME.

De la grace en General.

CEtte Embleme eſt de la Grace , laquelle
Dieu donne à tous les hommes dans tous
les états , ne la refuſant à perſonne , non plus
que le Soleil ſes lumieres à quelque creature
que ce ſoit, c'eſt ce qui eſt expliqué en ces
deux mots de Saint Paul , *dives in omnes* , il
eſt riche & liberal envers tous.

Jamais donc un homme ne ſera damné
que par ſa faute , & non pas par le refus des
Graces.

VI. EMBLEME.

De la liberté.

VOus voyés ici une balance en equilibre, dans l'indifference de pancher d'un côté, ou d'un autre, c'est pour cela, qu'on dit, *quò lubet, inclina*, faites la pancher, où il vous plaira. Cette figure ne vous represente-t'elle pas justement l'indifference de vôtre volonté au bien & au mal, pour faire ce qui vous plait, & pour choisir la vie, ou la mort; cela confirme donc ce qui est dans l'Emble-me precedente.

Mais comme nôtre corruption est à craindre, faites un bon usage des graces que Dieu vous donne, pour y remedier, & en vous défiant fort de vous-même, ne vous appuyés que sur elles, & sur la misericorde de Dieu.

VII. EMBLEME.

Du petit nombre des Elûs.

ON tire icy l'oyseau; mais remarqués que de plusieurs flêches qu'on a tirées contre, il n'y en a qu'une seule, qui ait donné dedans; c'est ce que veulent dire ces mots, *è pluribus attigit una*, tout le monde veut aller au Ciel, mais la pluspart vont en enfer;

ce qui s'entend même des Catholiques ; car
ceux qui ne font pas dans l'Eglife de Dieu,
font déja condamnés, & fe perdent, comme
ceux du Deluge, n'y ayant que l'Arche pour
fe fauver.

Si la fainte Eglife eft la grange de Dieu,
il y a auffi bien plus de paille groffe & me-
nuë, que de froment ; fi elle eft une vigne,
on en emporte bien plus de raifins fous le
preffoir, que fur la table ; fi elle eft un jardin,
il y a bien plus de mauvaifes herbes que de
belles fleurs, & plus de feüilles que de fruits.
Il y a bien plus de fables que d'étoiles, plus
de pierres que de diamans, & plus d'épines
que de rofes. Auffi y a t'il bien plus de mé-
chants que de bons, & de reprouvez que
d'élûs. *Multi vocati, panci verò electi.*

Ce n'eft donc point affés d'étre Catholique, fi on n'eft bon Catholique, & homme
de bien : tous courent pour gagner le prix,
dit S. Paul, mais il n'en eft qu'un qui le
gagne, & de fix cents mille hommes, qui
pretendoient entrer en la terre de pro-
miffion, deux feulement eurent le bien d'y
entrer.

Comme le peu d'apprehenfion qu'on a
des biens & des maux de l'autre vie, eft le
premier principe de la mauvaife vie & de la
damnation de tous les hommes, vous ne
fçauriés trop apprehender de vous perdre,
puis que faint Paul craignoit luy-même d'ê-

tre reprouvé, & Saint Timothée son Disci-
ple en fut menacé de JESUS-CHRIST.
Apoc. 2.

VIII. EMBLEME.

De la veritable Eglise.

VOus voyés un Navire, qui entre dans
un Port flanqué de deux Tours, sur une
desquelles est un fanal, avec ces mots, *statio
tuta una*, ce Port est l'unique assuré. Je vous
represente par là la sainte Eglise, le seul vray
Port, le seul asseuré, & le seul infaillible,
où l'homme se peut sauver. Ces deux Tours
sont Saint Pierre & Saint Paul, mais le Fanal est pour Saint Pierre, comme étant le
maître de la Foy.

Remerciés mille fois Dieu de vous avoir
fait naître dans son Eglise : & portés grande
compassion à des millions d'ames, qui se
damneront infailliblement, pour n'avoir pas
eu le même bonheur.

DE L'ETAT
DE LA GRACE.

PREMIERE EMBLEME.

Du Batême.

A figure que vous voyés d'un arbre sauvage, sur lequel on a anté une greffe, vous represente l'homme bâtisé, lequel ayant été transplanté du mauvais état du peché originel en l'état de la grace, porte Jesus-Christ, comme une divine greffe, afin de ne faire plus qu'un même arbre de vie avec luy, & de produire les mêmes fruits de vertu qu'il a produits, *fit nova*, l'arbre devient tout nouveau & tout autre qu'il n'étoit, c'est le changement qui se fait en vous par le batême, & comme ce seroit un prodige dans la nature, que l'arbre anté vint à reproduire des poires ou des pommes sauvages, aussi en est-ce un dans un homme bâtisé, de vivre, comme s'il ne l'étoit pas.

Souvenez - vous donc de vôtre heureux êtat, & n'en degenerés jamais, autrement vôtre batême vous sera un grand sujet de condemnation, & d'un bien plus cruel tourment dans l'enfer, que si vous ne l'aviez pas receu. L'arbre qui ne produit pas de bons fruits, merite d'être coupé, & d'être jetté au feu.

II. EMBLEME.

De la Foy.

LA Foy vous est representée par l'Etoile du pole, & par une boussole, avec ces mots, *in tenebris immota regit*, elle conduit assurément dans les tenebres. C'est aussi la Foy, qui nous conduit assurément au Ciel, & qui nous éclaire dans les obscurités de nôtre esprit, afin de ne nous point égarer, en prenant un chemin ou une chose pour une autre.

Croyés vivement ce que Jesus-Christ & sa sainte Eglise vous enseignent ; appuyez-vous sur cette Foy, qui a fait tous les Martyrs ; & quelque mal qui vous arrive en ce monde, vous serez heureux ; le malheur de tous les hommes est de n'en point avoir, & en suite n'appréhendant point les veritez de la Foy, de se perdre.

III. EMBLEME.

De l'Esperance.

JE vous represente icy l'Esperance sous deux figures ; l'une est un navire arrêté par une anchre avec ces mots : *nihil, hac firmante, timebo* ; je n'ay rien à craindre, tandis que j'auray cét appuy. L'autre est un liere, qui s'est attaché à un arbre, avec cette ame, *te stante, virebo*, j'auray toûjours de la vigueur tandis que vous me soûtiendrez. C'est ce que peut dire un homme juste avec le Saint homme Job, & avec tous les Saints, lesquels avoient mis toute leur esperance en Dieu & aux biens de l'autre vie. Ceux de celle-cy ne sont rien ; mais Dieu & le Paradis sont tout : mettez-donc là aussi toute vôtre esperance, laquelle est la seule chose qui vous restera au moment qu'il faudra entrer dans l'eternité, & qui vous soûtiendra contre tous les maux de cette vie.

IV. EMBLEME.

De l'amour de Dieu & du Prochain.

LE Soleil envoye ses rayons dans un miroir ardent, & ce miroir les renvoye sur un bucher qu'il brûle, avec ces mots *uritur*

& urit, il est brûlé & brûle. C'est une belle
figure de la Charité, & des beaux feux que
les Apôtres receurent le jour de la Pente-
côte, & desquels ils ont embrasé tout le
monde. Vous devez aussi aimer vôtre prochain du même amour, dont Dieu vous aime, autrement vous ne pouvez pas dire
que vous l'aimés, puisque son amour est inse-
parable de celui du prochain.

V. EMBLEME.

De la Confirmation.

ON met ici de l'huile dans une lampe,
avec ces mots ; *fortior ex oleo*, elle est
fortifiée par l'huile. C'est pour vous representer le Sacrement de Confirmation, qui
confirme l'homme bâtisé dans la foy qu'il
a receuë au batême, afin de s'y maintenir
contre les ennemis de son salut, dont le plus
grand à present est le respect humain, qui
nous fait trahir la profession que nous avons
faite au batême, de confesser hautement Jesus-Christ dans les occasions ; & peut-être
êtes-vous assés lâches de n'oser parétre vertueux, & de suivre Jesus-Christ ; n'aura-t'il
pas honte aussi à son tour de vous voir & de
vous reconnoître pour sien devant son Pere?
tout un, ou tout autre, declarés vous hautement pour la vertu, ou contre Jesus-Christ,
& on vous fuira du moins en ce dernier cas,
comme son ennemi.

VI. EMBLEME.

De la vraye Penitence.

Voicy un beau cep de vigne chargé de raisins, pour montrer les fruits qu'il faut faire, dignes de penitence : *post lachrymas & vulnera fructus*, aprés les larmes & les playes viennent les fruits. On taille la vigne, & elle pleure au Printemps. Le vray penitent se fait des playes au cœur, par les regrets sinceres d'avoir offensé Dieu, & en vient même jusqu'aux larmes; mais sa conversion & le changement de sa vie en une meilleure, en sont les fruits, & l'unique bonne marque d'une vraye penitence. Estes vous tel, vous qui vous confessez si souvent des mêmes fautes, sans jamais les corriger? apprehendés extrememét que vous n'abusiés des Sacremens, sous pretexte que vous demandés pardon à Dieu; car Dieu ne pardonne pas pour luy demander pardon, s'il n'est accompagné de ce regret sincere & de la correction de vos péchez.

VII. EMBLEME.

De la Grace, comme principe du merite.

Valor omnium ab uno est, dit cette Embleme, ce sont des O en chiffre, dont toute la valeur ne vient que de l'un, qui est devant; telles sont toutes nos meilleures actions ; elles ne font d'aucun merite devant Dieu, si elles n'ont la grace fanctifiante pour principe, avec une bonne intention de plaire à Dieu, faute de cela, on travaille comme les hirondeles & comme les araignées, fans rien amaffer pour l'éternité. Maintenés vous donc dans la grace de Dieu, & faites tout avec efprit; & de chaque action du jour, faite avec une bonne intention & en grace, jugés quel fera l'amas de vos merites au bout d'un an, quoy que vous ne faffiés qu'une bonne action par jour (*vous en pouvez faire plus de cent*) y ayant 365 jours dans l'année. Voyés de quelle hauteur feroit une échelle qui auroit 365 échellons : autant vous élevez-vous dans le Ciel par vos bonnes actions.

VIII. EMBLEME.

Du I. Commandement d'aimer Dieu.

NOus entrons dans les Commandemens de Dieu, dont le premier qui eft d'aimer Dieu, a pour figure plufieurs abeilles, qui fuivent leur Roy, avec ces mots; *Exemplo, non imperio* : c'eft fon exemple qui nous attire, plûtôt qu'un commandement. Un Dieu fait homme, nous ayant donné l'exemple d'une vie fainte, n'a t'il pas affés d'attraits pour nous porter à l'aimer & à le fuivre, fans nous y obliger par un commandement exprés ? &
neanmoins

neanmoins qui le fuit ? qui veut se donter, se
mortifier, & souffrir auec luy, quoy qu'on
veüille regner avec luy ? Le chemin qu'il a
marqué lui-même, est celui de la Croix,
comment donc pouvoir esperer d'aller au
Ciel, qu'en le suivant par le chemin seul qui
conduit ?

IX. EMBLEME.

IL y a icy un pauvre chien, qui ayant
perdu son maître en témoigne sa douleur,
extrême, par ses empressemens à le rechercher
par ses abboyemens, & par le mépris de toutes les caresses, qu'on lui fait: *angit heri jac-
tura* ; la perte de son maître le tourmente.
Cette figure d'une beste devroit donner une
extrême confusion à tant de personnes, qui
ayant perdu Dieu volontairement par des pechés mortels vivent & dorment avec autant
de tranquillité que si rien ne leur étoit ar-
rivé, & passent les mois entiers sans se mettre en peine de reparer leur perte par une
bonne penitence. O que ces Exemples que
Dieu tout bon leur met devant les yeux leur
donnera de confusion, lors qu'ils parêtront
à ses jugemens !

X. EMBLEME.

VOus voyés ici un ver à soye renfermé
dans sa coque, pour vous representer
Jesus-Christ dans une sainte hostie, *opus*

latentem prodit, quoy qu'on ne le voye pas, ses œuvres neanmoins le découvrent assez. Saint Antoine de Padouë fit voir cela à un heretique par sa mule, laquelle voyant une Hostie, aima mieux l'adorer que de manger un piccotin d'avéne, quoy qu'elle n'eût rien mangé depuis deux ou trois jours. Les grands prodiges que nôtre Seigneur a fait pour montrer qu'il y est en effet, montrent bien mieux cette verité que le ver à soye ne montre par la soye qu'il est dans sa coque.

Puis que c'est un Sacrement d'amour pour nôtre propre bien, pouvés-vous assés luy témoigner d'amour & de respect ? combien de fois luy allez-vous rendre vos respects dans sa petite prison, qui est le Tabernacle? que faites vous pour luy, luy qui fait tout pour vous ?

XI. EMBLEME.

UNe bonne terre d'un seul grain a produit plusieurs espics, *ex uno mille rependit :* elle rend mille pour un ; c'est à dire plusieurs : mais un pauvre, pour qui Dieu répond, est bien plus fertile, puis qu'il rend pour l'aumône que vous luy faites, le centuple & la vie eternelle. Persuadez vous bien cette verité qu'on peut prouver par un million d'exemples, & il est impossible que vous ne deveniez grand aumônier.

XII. EMBLEME.

ON apprehende si peu les pechés veniels que j'en ay mis plusieurs figures ; celle qui le represente ici , est une petite nuée , qui cache le Soleil , avec ces mots : *tegitur non extinguitur* , il est caché , & non pas éteint. Il est vray que le peché veniel , ne nous fait pas perdre Dieu , mais il nous le cache & le refroidit à nôtre égard. On se plaint que Dieu ne se communique pas à nous , & qu'on n'a point de devotion ; hé ! comment auriés-vous ses graces qui ne se donnent qu'aux Fideles , lesquels les meritent par une continuelle mortification de leurs sens & de leurs passions ; & vous, les imitez-vous qui êtes si emporté & si sensible aux moindres déplaisirs ? vous recevrez autant que vous donnerez.

XIII. EMBLEME.

L'Ordre de Prétrise est representé par un parelie qui est le Soleil peignant son image sur une nuë avec ces mots ; *se in imagine reddit* ; il se represente en son image. Nôtre Seigneur ne nous paroît pas plus visiblement ; mais il nous a laissé son image dans la personne des Prétres , lesquels doivent avoir un grand soin de soûtenir cette

haute dignité par la sainteté de leur vie, afin
de mener à Dieu le troupeau qu'il leur a con-
fié, & dont il leur demandera un terrible
compte, s'il se perd par leur faute. Les Prê-
tres doivent être aussi élevés par leur bonne
vie par dessus le reste des hommes, que la
nuë où est l'image du Soleil l'est par dessus
la terre, & le Pasteur par dessus les brebis.

XIV. EMBLEME.

VOus voyez ici un Soleil couchant, lequel vous represente la grace actuelle,
qui passe comme le Soleil ; c'est pourquoy,
comme il faut travailler pendant le jour, sans
attendre la nuit, qui est le temps du repos
& non pas du travail, il faut aussi se servir
de la grace quand Dieu la donne, parce que
ne dependant pas de nous, le temps vient
qu'on la voudroit avoir, & parce qu'on l'a
méprisée, Dieu nous méprise aussi, & s'il la
donne, les mauvaises habitudes font qu'elle
n'a pas son effect, *quæretis me & non inve-
nietis*, vous me chercherez, & vous ne me
trouverez pas, & vous mourrez dans vôtre
peché.

XV. EMBLEME.

CEtte Embleme represente un bon Mariage, par la figure de deux coquilles,

avec ces mots : *paritate fœlix*, il eſt heureux
à cauſe de la parité ; C'eſt à dire que pour
rendre un mariage heureux, il faut de la reſ-
ſemblance entre les deux partis ; reſſemblan-
ce de condition, de naturel, d'âge, de vertu,
de biens , &c. Et Dieu voulant bien marier
Adam, luy donna une femme ſemblable à luy.
La ſainte Vierge eût S. Joſeph ; S. Elzear eût
ſainte Dauphine. La diſproportion cauſe une
infinité de deſordres, & ſouvent le divorce ;
comme il n'y a point d'apprentiſſage à faire
pour cet eſtat, auſſi ne ſçauroit-on y apporter
trop de precaution , & quelle qu'elle ſoit, encor ſouvent eſt-on trompé ; que ſera donc de
ces mariages qui ſe font par paſſions ? elles
ſont des feux folets, qui tirent dans de grands
precipices , où quand on s'eſt engagé une
fois, on ne peut s'en retirer. Ayez en veuë
vôtre ſalut , quand vous y penſés ; conſul-
tés Dieu ſouvent ; parce que c'eſt à luy (qui
connoit tout) de vous donner ce qui vous eſt
propre ; & ſi vous eſtes engagé, mettés toute vôtre vertu & vôtre devotion à vous ſup-
porter l'un & l'autre ; & ſçachés que vous
ne ſçauriez trop acheter la paix, qui eſt un
fruit du ſaint Eſprit.

XVI. EMBLEME.

L E jurement eſt exprimé ici par une flé-
che, qui eſt tirée contre le Soleil, & qui

retombe fur celui qui l'a tirée, avec ces mots;
in authorem redit, elle retombe fur l'autheur.
Il faut être ennemi de tout bien pour vouloir
nuire au Soleil, qui fait toute la joye & le
bonheur de la nature ; mais il faut être, je ne
fçay quoy dire, pour renier Dieu , & faire
encor le Juif contre lui, pour renouveller les
douleurs de fa Paſſion , en jurant la mort, la
teſte, ventre, *&c.* Un Dieu de qui nous te-
nons & nous eſperons tout , ſans qui nous ne
fçaurions vivre, & de qui nous avons tout à
craindre. On ne lui peut nuire à la verité,&
le blaſpheme perd le blaſphemateur-même;
mais c'eſt en faire un mépris,qu'il punit ſouvent d'une maniere terrible, comme on le
voit par une inſinité d'exemples tragiques;
& c'eſt ainſi que tout le mal retombe ſur
l'autheur même.

XVII. EMBLEME.

ON voit ici un pauvre Cerf percé d'une
flêche,& déchiré par des chiens,lequel
en mourant dit ces mots , *& petor & morior,*
on m'attaque & je meurs. Nôtre Seigneur
diſoit, que les chiens & les taureaux l'avoient
aſſiegé, il entendoit les Juifs & les pecheurs,
leſquels encor aujourd'hui imitent leur rage
en l'offenſant ; car comme ils renouvellent
la cauſe de ſa mort, qui eſt le peché;on peut
dire avec verité, comme ſaint Paul, qu'ils le

crucifient encor autant qu'il eſt en leur pouvoir ; de ſorte qu'un peché mortel eſt le cru-
cifiement & la mort de Jeſus-Chriſt. Ah ! pecheur que t'a donc fait ce Sauveur, pour luy
renouveller ſes douleurs ; & cette ſeule pen-
ſée n'eſt elle pas capable de te faire fondre
en larmes?

XVIII. EMBLEME.

IL y a ici un beau jet d'eau, laquelle s'étant
formée dans les creux & dans l'obſcurité
des Montagnes , eſt pouſſée avec vehemence
par le tuyau qui la dégorge , *ab obſcuro* , elle
vient de l'obſcurité. Les pechés auſſi ſe for-
ment dans l'obſcurité de la conſcience, mais
l'homme juſte les ayant reconnus, s'en con-
feſſe auſſi-toſt, & les pouſſe dehors par la de-
claration ſincere qu'il en fait à un Prétre ;
c'eſt pour cela que le ſaint Eſprit appelle ſa
bouche une veine de vie , au lieu que le mé-
chant qui les cele,ne fait qu'une mare puante
de ſa conſcience , où ſes pechés vivent avec
les diables , comme des vilains inſectes. La
honte de declarer quelque peché en a tant
damnés, que cette horrible punition leur devroit donner de la terreur & du courage ; ſe
confeſſer & communier en cet état de peché,
quel repos dans l'ame ! que de ſacrileges !
pour n'oſer dire un mot à l'oreille d'un Prétre obligé au ſecret, & qui peut-étre eſt plus

grand pecheur que vous, *ab obscuro*, ah ! faites sortir du fond de vôtre conscience ce que vous sçavez devoir dire tôt ou tard, à moins que vous ne vouliés vous resoudre à vous damner. Quelle resolution !

XIX. EMBLEME.

JE vous represente toutes vos actions par plusieurs pieces de monoye, lesquelles n'étant point frappées au coin du Roy, ne sont point d'alloy, mais, *signata valent*, ayant ce coin elles sont de valeur. Vos actions ne sont aussi d'aucun merite devant Dieu, si elles n'en portent la marque, qui est la grace d'un costé, comme nous avons dit en l'Embleme 7, & de l'autre une bonne intention, car quoy que l'enfant soit en grace, il ne merite rien, n'ayant point de jugement pour rapporter à Dieu, ce qu'il fait. Faites donc toutes les moindres choses pour Dieu, & il n'est rien qui ne vous doive meriter un surcroit de gloire & de bon-heur dans le Ciel, faute de quoy vous perdez vôtre temps. Il est aisé de se faire grand Saint à petit bruit ; car il ne faut que cette pureté d'intention, la sainte Vierge vous est un admirable exemple.

XX. EMBLEME.

NE portés-vous pas compassion à cet oyseau, qui tâche de s'envoler & qui est

retenu par un filet ; c'eſt ce que fait en vous
un peché veniel d'habitude ; car pour ne pas
vous mortifier , vous ne joüiſſez pas de la
belle liberté des Saints. Vous voulez aller à
Dieu , & cette paſſion dominante que vous
ne voulez pas mortifier, vous retient à la terre ;
vous vous en confeſſez toûjours , & jamais
pourtant vous ne rompez le filet qui vous
tient. Qu'elle laſcheté , & qu'elle perte ? *vel
parva morantur.*

XXI. EMBLEME.

ON voit ici un Navire avec un bon vent
qui le pouſſe , & ſans lequel il ne ſçau-
roit avancer d'un pas , ce que ſignifient ces
trois petis mots, *nil ſine te,* rien ſans vous.
Dites le même de la Grace , ſans laquelle il
eſt plus impoſſible à un homme de faire un
bien digne du Paradis , qu'à une fleche de ſe
porter à un but , ſans l'arc & le bras qui l'à
tirent. Mais auſſi avec la Grace , un homme
qui ſe rend fidele à en ſuivre les mouvements,
fait d'admirables progrez. Jugez donc ſi vous
en devez faire état , & de ne rien épargner
pour y cooperer

XXII. EMBLEME.

UN jeu d'Orgue dans l'Egliſe , pour y
chanter les loüanges de Dieu , vous repreſente l'aſſemblée des Fidelles dans la mê-

me Eglife aux jours de Fêtes, aufquels Dieu
défend le travail & commande la folemnité
de ces faints jours. L'ame de cette Embléme
font ces mots ; *fpiritus unus agit* , c'eft un
même Efprit qui fouffle pour faire joüer tous
les tuyaux des Orgues ; cét auffi un même
faint Efprit, qui doit animer tous les fideles
dans l'Eglife, pour y honorer Dieu avec ref-
pect & avec devotion. Vous devez donc entendre la Meffe ces faints jours fous peine de
peché mortel, affifter aux Vefpres , ne point
travailler, & n'obliger perfonne à travailler,
fans de grandes neceffités , defquelles vous
répondrez à Dieu.

XXIII. EMBLEME.

LE peché de fcandale eft icy dépeint par
une bombe , qui tombe fur une Ville,
avec ces mots ; *mille nices fert una cadens,*
fa chûte caufe mille morts. C'eft ce que fait
le fcandale, qui dans Lucifer a caufé la ruine
de la troifiéme partie des Anges, & que le
fcandaleux imite, en faifant tomber dans fon
peché ceux qui le voyent ou qui le fçavent;
il vaudroit bien mieux qu'il fe mit une meule
de moulin au cou, pour étre precipité dans
la mer, car il eft un vray Ante-Chrift. Jefus-
Chrift a tant fouffert pour fauver les Ames,
& luy les damne par fes paroles libertines,
par fes folicitations,& par fes mauvaifes ac-

tions. Quel conte à rendre à ce grand Sauveur , qui ne manquera pas d'en tirer une terrible vengeance.

XXIV. EMBLEME.

CEtte Embleme vous porte a avoir pitié des pauvres, & à les habiller, même par interest. La figure qui vous le fera concevoir sont des brebis & des moutons, qui ont donné leur laine, *nova succrescet*, il en reviendra de l'autre en la place , & celle qui est donnée deviendra même plus precieuse , par les riches couleurs , qu'elle recevra dans la teinture.

XXV. EMBLEME.

VOicy un arbre qui fait pitié , parce qu'il est tout couvert de nids de chenilles, qui ont fait mourir presque toutes ses branches ; c'est dequoy il se plaint en ces termes : *malus me conficit hospes*, un mauvais hoste me perd, & m'ayant succé toute ma seve ma jetté dans la derniere extremité , sans pouvoir plus produire de fruits. Vous voyez dans ces chenilles les pechés veniels que produisent vos passions, lesquels vous dessechent tellement toute la grace de la devotion , qu'un homme en peché mortel, qui est un dragon, & vous estes presque une même chose, avec

vos paſſions, & avec vos emportemens, qui
vous rendent inſupportable dans une maiſon
à tout le monde, & qui vous tiennent ſur le
bord du precipice, ſi méme vous n'y eſtes
déja tombé, prenez y garde ; & vous Mar-
chands à toutes vos petites rapines, leſquelles trainerent enfin Judas au plus grand de
tous les maux. L'intereſt en damne pluſieurs.

XXVI. EMBLEME.

LE Tourneſol avec tous ceux qui ſont ſur
ſa tige, tourné vers le Soleil, & ſuivant
tous ſes mouvemens & de jour & de nuit,
quelque temps qu'il faſſe, eſt un admirable
figure d'un homme de bien, qui eſt tout à
Dieu, & qui n'a autre choſe en vûë dans
toutes ſes actions que ſa gloire, en quelque
état qu'il ſe trouve de proſperité ou d'aver-
ſité. Il inſpire à tous ſes enfans, s'il en a, la
méme inclination de ſervir Dieu, & de ne
penſer qu'à lui. De ſorte que cette Embleme
vous repreſente une famille toute ſainte dans
le quatriéme commandement d'honorer pere
& mere. Si donc vous voulés que vos enfans
faſſent vôtre gloire & vôtre bonheur, parens
ſoyez gens de bien, & inſpirez leur la vertu
par vos paroles, & encor plus par vos exemples.

XXVII.

XXVII. EMBLEME.

VOici bien le contraire de ce que vous venés de voir, c'est une vipere dont ses vipereaux déchirent les entrailles, avec ces mots ; *quæ genuit lacerant*, ils déchirent celle qui les a conceus : mauvais enfans d'une mauvaise mere, tel qu'est l'arbre sont les fruits. Les enfans ne sont pas pourtant excusables dans les fautes qu'ils commettent contre leurs parens, lesquels ils sont toûjours obligé de respecter & d'aider dans leurs besoins, bien loin de les mépriser & de leur faire de la peine; qu'ils se souviennent d'Absalon, qui fut pendu par les cheveux pour s'être rebellé contre son pere David, & de ce miserable, au visage duquel sauta un crapaut & qui y demeura attaché plus d'un an, en punition du mépris qu'il fit de son pere, qui étoit venu chez lui dans le temps de son souper, dans l'esperance d'avoir quelque morceau pour le sien : Il luy avoit cedé tout son bien, & voila comme son fils denaturé le traittoit d'ingratitude, jusques à luy refuser un morceau de viande. Apprenez parens, que vos enfans ne vous respecteront qu'autant qu'ils espereront de vous : & vous enfans apprehendez les châtimens de Dieu qui vous attendent si vous imités ce malheureux.

XXVIII. EMBLEME.

C'Eſt le Soleil & la Lune en ſon plein, avec ces beaux mots, *quia reſpexit*, c'eſt parce qu'il la regardée qu'elle a tant de lumiere : cela vous repreſente la grace prevenante, car Dieu nous previent le premier de ſes benedictions, la ſainte Vierge en eſt un rare exemple ; Saint Pierre aprés ſes trois reniemens ; tous les Apôtres, Zachée, David, & tous les Saints, Dieu nous a aimé avant que nous pûſſions même penſer à luy ; le pouvant maintenant, quelles actions de grace ne lui devons-nous pas rendre à tout moment; & quelle attention ne devons nous pas apporter à l'écouter quand il nous parle, afin de nous enrichir de ſes biens ?

XXIX. EMBLEME.

ON demande ici que vous pardonniés de bon cœur les injures qu'on vous fait, & que vous rendiez le bien pour le mal, à l'exemple de Jeſus-Chriſt qui vous en a fait un commandement ſous peine de damnation, & pour vous y obliger doucement par les charmes de la nature ; regardez ici un arbre qui en recevant des coups de couteau & de hache, donne du baume à ceux qui le bleſ-ſent; & la terre qui rend une heureuſe recol-

te au Laboureur qui la déchire avec le foc &
le contre de fa charruë , *pro vulnere munera
reddunt* ; ils rendent des biens pour les maux
qu'on leur fait. Si vous ne voulez pas vous
rendre aux raifons ; fouvenez-vous bien que
fi vôtre ennemi ne merite pas que vous luy
pardonniez, Jefus Chrift le merite bien ; &
ayant dit cette parole à un pauvre jeune
homme que je conduifois au fupplice , parce
qu'il ne vouloit pas pardonner à celui qui le
faifoit mourir fort injuftement : Ah ! mon
Pere , me repondit-il , oüy , Jefus-Chrift le
merite bien , & je luy pardonne volontiers
ma mort pour l'amour de mon Dieu,& mou-
rut là deffus aprés l'abfolution.

XXX. EMBLEME.

IL s'agit ici du peché d'habitude , lequel
eft reprefenté par un liere qui a creu le
long d'une muraille , & qui aprés en avoir
tiré toute la fubftance la fait tomber, *fubruit
hærendo* , en s'y attachant il la ruïne. Voila
où porte le peché d'habitude à la ruine eternelle d'une ame , qui l'a nourri long-temps
fans s'en défaire. Les recidives font la plus
grand marque de reprobation, qu'on en puif-
fe avoir : car aprés tant de graces meprifées
la liberté fi fort alterée tombe enfin dans une
fi grand foibleffe, qu'il faut tomber fous le
poids de fes pechés , & mourir dans l'impenitence finale.   C ij

XXXI. EMBLEME.

ELle est de la charité à loger les Pelerins; quand vous voyés ici un arbre sauvage anté de trois bonnes greffes, avec ces mots; *quamvis incognita pascam*, quoy que je ne les connoisse pas, je les nourriray; ne vous resouvenez-vous pas d'Abraham & de Loth, qui logerent trois Anges habillez en Pelerins, ou des deux Disciples qui traitterent nôtre Seigneur à Emaüs, & des biens qu'ils receurent de leur charité ? imités-les en les considerant, & le bien que reçoit cet arbre sauvage d'avoir receu trois greffes, qui l'ont changé en un excellent arbre pour recompense.

XXXII. EMBLEME.

VOus apprendrés encor par cette Embleme la malice du peché veniel, par deux figures qui la representent; l'une desquelles est une balance dont l'un des bassins est emporté en bas, par un seul grain qu'on a mis dedans; l'autre est une méche, qui porte petit à petit le feu dans une mine, pour faire sauter une Ville. L'ame de ces figures est, *in minimo vis maxima*, il y a une tres grande force dans une tres-petite chose; tout cela tend à vous montrer qu'un peché veniel quoy que de soy-même il ne soit pas grief neanmoins il le devient par ſes mauvaiſes habitudes, & cauſe enfin la ruine d'une ame ; ce qui me fait dire que ſouvent un peché veniel eſt plus à craindre qu'un peché mortel, en ce que s'acoutumant à l'un, on ſe façonne petit à petit à l'autre, & on s'en fait enfin une habitude comme du veniel.

XXXIII. EMBLEME.

JE vous fais voir ici le ſoin que vous devés avoir de conſerver vôtre pureté par la fuite des occaſions. Vous voyés un Cerf, qui fuit devant un chien, & qui trouve ſon ſalut en fuyant, *in pedibus ſalus*, mon ſalut eſt en mes pieds. Ne vous ſemble-t'il pas voir Joſeph qui en fuyant les pourſuites de ſa Maiſtreſſe impudique, aima mieux luy abandonner ſon manteau que ſon honneur, & qui par la crainte qu'il eut d'offenſer Dieu, merita tous les honneurs de l'Egypte ? qui cherchera les occaſions du mal, ou qui ne s'en retirera pas y perira ; vous avez bien de la peine de vous conſerver étant ſeul, que ſera-ce donc d'aller dans le danger. Apprehendés ce peché d'impureté plus que tout autre ; parce qu'il eſt aiſé à commettre, qu'il eſt agreable, & que l'habitude qu'on en prend, eſt en la difficulté de s'en defaire ; ſans parler des ſacrileges qu'on fait pour ne s'en pas confeſſer nettement, eſt la cauſe de la damnation d'une

infinité d'ames , *dilatavit infernus animam*
suam absque termino , fuyez , fuyez , on ne
sçauroit trop vous le recommander.

XXXIV. EMBLEME.

JE continuë cette matiere par les mauvais
effets de ce peché , en vous le montrant
dans l'embrasement d'une Ville , où le feu
s'est pris , *ut furit , haud parcit* , sa furie est
telle qu'il ne pardonne à rien ; ce peché viole
tout , & c'est pour cela que S. Jean le depeint
comme une beste monstrueuse , qui a sept tê-
tes & dix cornes : peché de brutalité , qui est
tous les sept pechez capitaux , & qui viole
les dix Commandemens de Dieu ; car il n'est
rien où ne porte ce vice abominable , &
qu'il ne perde , & dans la conscience où il est,
dans le corps & dans l'ame , dedans & hors
de soy. Ayez-en plus d'horreur que de la
mort , & mettés un grand soin à conserver
vos yeux , vos oreilles , & vos autres sens.

XXXV. EMBLEME.

IL y a ici deux figures pour vous representer la grace efficace & la grace suffisante;
la premiere est, une brebis qui se laisse attirer
par une branche d'arbre , qu'elle aime à
broûter , au lieu que l'autre sa compagne lui
tourne le dos , & ne se soucie pas de cet ar-

trait ni de la voix du pasteur qui l'appelle :
l'autre est d'une poulie qui éleve en haut une
pierre de taille, & qui ne sçauroit enlever un
rocher ; L'ame de ces deux Emblemes sont
ces deux mots, *sequentem trahit* ; il tire celle
qui suit. La branche est la même pour ces
deux brebis, aussi bien que la voix qui les
appelle ; la poulie est la même pour la pierre
de taille & pour le rocher ; vous voyés neanmoins des effets bien differens. Telle est la
grace, qui étant la même dans deux personnes, attire l'une & l'autre non. Jugés à qui
en est la faute, & pourquoy la grace est efficace ici, & qu'elle n'est là que suffisante.
Vôtre perte ne vient que de vous.

XXXVI. EMBLEME.

L'Ame qui retourne à Dieu par une bonne
penitence, a ici un aussi grand sujet de
se réjoüir, que le Prodigue en eut dans la
maison de son pere, aprés ses débauches ; par
ce qu'ayant été retabli dans son premier état ;
vous avez le même bon-heur auprés de Dieu :
lequel vous rétablit dans vos premiers droits
d'heriter de son Paradis, & vous rend tous les
merites que vous aviez acquis en grace, &
que vous aviés perdus par vôtre peché, C'est
ce qui vous est representé dans cette Embleme, où vous voyez que la nature reprend
son premier air de beauté & ses richesses, au

retour du Soleil, au Printemps. Usés-donc de
la grande bonté de Dieu, qui vous témoigne
bien par là qu'il ne veut pas la mort du pecheur; autrement vous meriterez bien les ri-
gueurs de sa Justice par voftre impenitence.

XXXVII EMBLEME.

C'Eft un horloge, dont l'aiguïlle montre
toutes les heures, lefquelles elle par-
court deux fois le jour, ce que fignifient ces
mots, *exactas iterum relegit*, cela vous apprend comme vous devez tous les jours exa-
miner vôtre confcience, en repaffant fur toutes les heures du jour, pour voir ce qui s'y eft
paffé. Dieu fit bien une reveuë de tous les
ouvrages qu'il avoit faits au commencement
du monde, pour voir ce qui en étoit, & les
trouva tous bons. Tous les Saints ont eu
cette pratique, & entre autres nôtre glorieux
Fondateur S. Ignace, qui a chaque heure
examinoit & marquoit fur un papier jufques
aux moindres chofes, pour voir quels étoient
fes progrés, & pour pouffer toûjours la per-
fection plus avant. Jamais vous n'avancerez
dans la vertu fans ces ferieufes & efficaces
reflexions.

XXXVIII. EMBLEME.

L E feptiéme Commendement de Dieu de-
fend le larcin, & vous voyez ici une fou-

ris, qui s'appréte à aller prendre l'amorce d'u-
ne fourissiere ; mais on lui dit : *caperis, si cepe-
ris*, tu es prise, si tu prens. Voila ce qui arrive au voleur, & à tous ceux qui ont injuftement du bien d'autruy : ils font pris par le
peché qu'ils commettent, par l'obligation de
reftituer fous peine de damnation ; ainfi le
larcin ne leur profite en rien, puis pu'il faut
le rendre, & fouvent par la Juftice, qui leur
coûte bien plus que ce qu'ils ont pris. L'experience a fait dire que jamais bien d'autrui
ne profite ; mais la reftitution eft fi difficile
qu'à peine de cent en trouve-t'on un qui
reftituë ; & il le faut neanmoins, foit en ren-
dant au maître legitime, ou fi cela ne fe peut
aux Eglifes, aux pauvres, ou à d'autres pour
moyenner leur falut, & cela à la valeur du
larcin.

XXXIX. EMBLEME.

LE peché mortel eft reprefenté ici par
l'Hyver, lequel vient de trois caufes,
1. de l'éloignement du Soleil, 2. des vents
de bife, 3. de la nature de la terre, qui eft
froide. De ces trois principes voyés en quel
état eft la terre en Hyver, *frigus aduffit*, le
froid la toute perduë, & reduite dans un état
de ne pouvoir produire un brin d'herbe.
Dieu eft infiniment éloigné du peché mortel, *ante faciem frigoris ejus, quis fuftinebit,*

qui pourra suporter le froid de sa face. Voyé
ce qui est d'un Courtisan, pour qui le Roy
n'a plus que du froid. Les tentations sont
violentes ; d'ailleurs vôtre nature est si por-
tée au mal par sa corruption, qu'enfin vôtre
état est pitoyable ; vous tombez de peché en
peché ; vous ne sçauriés rien faire digne de
l'eternité, & avez tout perdu. O que le peché mortel est abominable, & heureux celui
qui le peut concevoir !

XL. EMBLEME.

IL y a ici un chien qui léche une playe,
& qui la guerit par ce moyen; *fert medelam*,
la langue porte la guerison. Cette figure
vous apprend la consolation que vous devés
donner aux affligez, du moins en leur disant
quelques bons mots, & en leur donnant
quelque bon conseil dans leur affliction. O
qu'il est beau & divin de voir une personne
de merite au chevet d'un malade, ou dans la
cabanne d'un miserable, lui dire quelques
mots de douceur ! & que bien - heureux
font les misericordieux, parce qu'ils rece-
vront la consolation & la misericorde de
Dieu.

XLI. EMBLEME.

JE propose ici une vertu dont tout le monde a besoin, & que bien peu de personnes

pratiquent , c'est la patience dans toutes les occasions. Voyez plusieurs statuës sur un Autel , & une qui est auprés des marteaux & des cizeaux pour l'achever ; & lisés ces beaux mots , *quies & honor post verbera* , le repos & l'honneur aprés les coups , ou bien ce qui est dans le bel Hymne de l'Eglise, *tunsionibus, pressuris expoliti lapides suis coaptantur locis per manus artificis* , les pierres ayant été polies à force de coups sont mises chacune en leur place par les mains du maitre. Ces statuës ainsi posées ne souffrent plus rien, & ne reçoivent plus de tous les peuples que de l'encens & des respects. Aussi les Saints dans le Ciel ayant souffert avec Jesus-Christ, n'ont plus-là qu'à joüir avec plaisir d'une gloire immortelle ; mais il faut souffrir par necessité auparavant de toutes sortes de personnes , des diables , & de Dieu-même ; le grand chemin royal du Paradis n'est autre que la patience , laquelle renferme dans soy toutes les vertus. Les Saints ne se sont jamais lassé de souffrir en ce monde , & mépris & afflictions , sçachant la grande gloire dont Dieu les recompense, *immensum gloriæ pondus operatur in nobis.* Voyés combien vous en estes éloigné, & commencés à en faire étude & à la pratiquer. Voilà en quoy consiste la vraye vertu & la veritable devotion.

XLII. EMBLEME.

LA vie de la grace n'est-elle pas bien representée par l'arbre de vie, lequel est toûjours verd & toûjours chargé d'excellens fruits ? celuy qui est ici, luy ressemble : il est greffé d'excellentes greffes qui luy font porter des fruits bien plus delicieux & bien plus agreables à Dieu que ceux du Paradis terrestre, *surculis fœlix suis* ; il est heureux & precieux à cause des greffes excellentes dont il profite. Un homme de bien qui se conserve en grace, & qui la met en usage, est toûjours chargé de merites, lesquels il augmente tous les jours à l'infini. O que sa conscience est delicieuse ! que sa vie est precieuse à Dieu, & à luy-mesme ! & que de gloire a-t'il a en esperer dans le Ciel ! qui vous empéche de vivre comme luy ?

XLIII. EMBLEME.

VOicy deux essains d'abeilles, qui se battent avec furie, & qui en blessant leurs aversaires, trouvent la mort dans les blesseures mêmes qu'elles font ; c'est ce que signifient ces mots, *animas in vulnere ponunt* c'est une belle figure des mauvaises langues, qui pensant blesser les autres par leurs paroles injurieuses, par leurs maledictions, par leurs

leurs faux témoignages, par leurs detractions, par leurs faux rapports, & par leurs railleries sanglantes, se blessent & se tuent elles-mêmes du même coup qu'elles portent, sans parler des restitutions & de bien & d'honneur, qu'elles sont obligées de faire à ceux à qui elles ont nuy. Il vaut mieux se taire que de mal parler, & il est difficile de parler beaucoup sans mettre en jeu la reputation du prochain.

XLIV. EMBLEME.

VOyant ici un cheval attaché à une meule, laquelle il traine tous les jours depuis le matin jusqu'au soir, sans avoir avancé d'un pas, ne vous ressouvenés-vous pas du miserable état où tomba Samson, pour avoir trop donné à Dalila; c'est celui d'un homme qui vit dans le peché mortel, attaché à une miserable passion qui le gourmande. Je veux qu'il se confesse ; mais quitte-t'il pour cela son peché ? il traine toûjours son fardeau sans pouvoir rompre ses cordes, lesquelles seront enfin cause de son dernier malheur. Quel pitoyable état !

XLV. EMBLEME.

SI un homme s'appliquoit à considerer la nature, & les instincs que Dieu luy a donnés, il y apprendroit d'admirables leçons pour la bonne conduite de sa vie. On laisse croupir de miserables prisonniers dans leur prison sans penser à leur misere, bien loin de les assister; & voici un petit oyseau qui voyant son compagnon en cage, le vient voir & luy apporte à manger, luy disant en sa façon, *quod possum*, voila tout ce que je peux faire pour toy. Un Ange transporta Habacuc sur la fosse des Lions pour donner à disner à Daniel qui y étoit. Dieu nous recommande si expressement ces sortes d'œuvres de misericorde, que c'est le seul sujet qu'il apporte aux reprouvés de leur reprobation : cette raison nous persuade assés qu'ils ne seroient pas tombez dans ce dernier malheur s'ils avoient eu de la tendresse & de la charité pour les miserables. Profités-donc de leur malheur, & faites du bien à ces abandonnés.

XLVI. EMBLEME.

IL y a deux Emblemes dans celle-cy, qui est de l'Indulgence; l'une est un oiseau qu'on a mis en liberté en lui coupant son attache: l'autre est une obligation que le Creancier a fait tracer, avec ce mot latin qui est l'ame des deux, *dimittitur*; on remet sa dette à l'un, & on met l'autre en liberté. Cela s'applique admirablement bien aux saintes ames du Purgatoire, ausquelles on donne liberté d'aller au Ciel, & à qui on remet ce qui leur reſtoit à payer, en leur appliquant une Indulgence qu'on gagne; ou ſe l'appliquant à ſoy-même, on paye par là ſa dette. L'Indulgence eſt un un grand effet de la bonté de Dieu à nôtre égard , en ce qu'il nous a donné tous les moyens imaginables de nous tirer des mains de ſa Juſtice , & de luy payer avec ſon ſang ce que nous luy devons. N'en negligez donc point , & faites commè on dit, d'une pierre deux coups , en ſatisfaiſant d'une maniere ſi douce pour les pauvres Ames du Purgatoire.

XLVII. EMBLEME.

ON vous repreſente ici les paſſions ſous la figure de divers animaux, baiſſés ſous un bâton qu'on tient levé ſur eux, avec ces mots, *je les domte, de peur qu'ils ne me domtent moy-même* ; il faut de même domter ſes paſſions & les gourmander , de peur qu'elles ne nous maîtriſent , & que nous n'en devenions eſclaves. C'eſt une terrible beſte, qu'u-ne paſſion qui ſe rend maîtreſſe d'un homme; il n'eſt mal dont elle ne ſoit capable ; & les hiſtoires tragiques du paſſé, & celles du preſent le montrent aſſés. Tout homme empor-té eſt moins qu'homme , & les Barbares le traittent de fou, auſſi ne s'emportent-ils ja-mais ; j'en ay vû entendre des injures atroces qu'on leur diſoit, avec autant de tranquillité d'esprit, que s'ils eussent entendu leurs loüanges, & leur demandant pourquoy ils ne fermoient pas la bouche à cet insolent, ils nous répondoient froidement, faut-il pour un fou en faire deux. O quel exemple d'un Barbare à des Catholiques !

XLVIII. EMBLEME.

IL est bien raisonnable parmi tant d'Emblemes, qu'il y en ait une pour la sainte Vierge, afin de nous porter à l'aimer & à mettre en elle nôtre confiance. Sa figure ordinaire est la Lune en son plein, aussi la mets-je ici avec ces deux mots, *Solem agit*, elle tient la place du Soleil, excepté que la sainte Vierge n'a point de tâche comme la Lune, & qu'elle ne forme jamais de tonnerre ni de foudre, comme le Soleil, qui est la figure de Jesus-Christ, aussi est elle la mere de misericorde. On a remarqué que toutes les influences du Ciel, des Astres & des Planettes, venoient en terre par la Lune, qui les modere: mais il est vray que toutes les graces du Ciel ne nous sont données que par la sainte Vierge. Elle est pour cela la Toute puissante par l'autorité que lui donne sur son fils la qualité de mere, & par la grandeur de ses merites, toute belle & charmante par son eminente sainteté, & toute bienfaisante à nôtre égard par sa qualité de Mediatrice & par le rapport qu'elle a avec nous. Voilà trois motifs qui doivent attirer vos amours, vos respects, & yôtre devotion ; mais faites qu'elle vous aime tendrement par l'imitation de ses vertus, & sur tout par vous conserver dans une grande pureté.

XLIX. EMBLEME.

CEtte Embleme vous represente la grace concomitante, c'est à dire celle qui nous ayant prevenus, nous aide sans nous contraindre à faire le bien. Je vous fais voir cela par une grosse poutre dans l'eau, qu'on tire à bord avec une corde, il seroit impossible a un homme seul de la transporter sans ce secours de l'eau, qui la soûleve tellement qu'un enfant la meneroit où il voudroit ; voila la force de la grace, à laquelle on doit donner la meilleure part au bien qu'on fait ; mais aussi il est libre de la tirer d'un costé ou d'un autre, on même de la laisser sur l'eau. Il est aussi libre à l'homme de faire le bien, ou de l'omettre : la grace n'est donc qu'un secours à nôtre liberté, avec laquelle elle agit, *gratia Dei mecum* ; la grace de Dieu avec moy, & l'ame de cette Embleme, est qu'elle aide, & qu'elle ne determine pas ; *juvat, non determinat.*

L. EMBLEME.

VOici un admirable conseil dans cette Embleme, qui vous apprend à garder vos sens , & à demeurer chez vous. Vous voyez un huitre qui a ses coquilles ouvertes auprés d'un cancre de mer, qui en est friand, & qui s'apprête à jetter une pierre dedans, afin que ne pouvant refermer ses coquilles, il en fasse curée , *claude fores* , *estoque domi.* C'est la ruse du demon de prendre l'homme par ses sens, comme il prit Eve , & comme il en a perdu une infinité; la curiosité de voir & d'étre vûë, de sçavoir, d'entendre & d'experimenter , à été leur ruïne , elle sera la vôtre si vous ne vous faites sage à leurs dépens.

LI. EMBLEME.

CEtte Embléme vous represente l'y-vrognerie , laquelle est depeinte icy par une nuée grosse de tonnerres & d'orages, avec ces mots ; *tumet* , *timendum* , elle est grosse , il y a à craindre. Hé! que ny a-t'il pas à craindre d'un yvrogne, qui est plein de vin , & qui est sans raison plus dangereux qu'une bête feroce , & capable de tout mal ? tant de malheurs que les yvrognes ont causé dans le monde , & qu'ils causent tous les jours dans les familles , qu'ils perdent de bien & d'honneur, font bien voir qu'ils sont plus à craindre qu'une nuée, qui enfante la grêle & les foudres ; état pitoyable de peché , dans lequel on en voit mourir si souvent , sans Sacremens , n'en étans point capable ; que s'ils avoient un once de cervelle , ils apprehenderoient du moins leur damnation eternelle. Ils trouvent de largent pour leurs debauches , & ils n'en trouvent point pour reſtituer ce qu'ils ont volé : & je diray que les cabarets ſont encor plus coupables d'être la cauſe de la ruine de tant d'ames , du ſalut deſquels , & de tous les autres deſordres ils repondront devant Dieu, comment ſe juſtifieront-ils ?

LII. EMBLEME.

VOicy une Embleme , qui ſera la condamnation de pluſieurs ; leſquels ne gardent pas les jeûnes de l'Egliſe , ſous des pretextes dont JESUS-CHRIST ſera Juge. C'eſt un chien ſur le nez duquel on a mis un morceau de pain à garder , & qu'il garde en effet par le commandement & le reſpect de celuy, qui luy défend de le manger , c'eſt ce que ſignifient ces mots ; *obſervat & abſtinet* , il garde avec reſpect, & s'abſtient nonobſtant la grande avidité qu'il a de le manger. Jugés vous là-deſſus, delicats , & conſiderés quelle leçon ce chien vous donne d'honorer vôtre Mere la ſainte Egliſe , & de garder les jeûnes qu'elle vous commande.

LIII. EMBLEME.

ON vous preſente icy une clef pour vous ouvrir tous les treſors du Ciel & de la

terre en l'oraiſon, laquelle eſt toute puiſſan-
te ſur le cœur de Dieu ; *ſoli clauſa patent*, c'eſt
à elle ſeule que tout eſt ouvert ; vous êtes
donc bien malheureux, & vous merités d'ê-
tre miſerable, ſi vous n'uſés d'un moyen ſi
facile & ſi efficace ; demandés & vous aurés,
voila la promeſſe de N. Seigneur ; mais vôtre
mal eſt que vous êtes ſi impatient, que vous
voulés avoir auſſi-tôt l'effet de vôtre priere,
ſans vouloir ſouffrir que Dieu prenne plaiſir
à vous éprouver. Perſeverés, & ſi Dieu ne
vous accorde ce que vous ſouhaités, vous en
obtiendrez du moins quelque autre choſe,
qu'il juge vous devoir être plus utile ; &
ſoyez ſeur que vôtre priere ne reviendra jamais à vuide. Je voudrois que vous vous ap-
pliquaſſiez un peu à l'Oraiſon mentale, & a
conſiderer tous les jours du moins un quart
d'heure, quelque point de vôtre ſalut & de
la vie de Nôtre Seigneur, & c'eſt là par de
ſerieuſes reflexions qu'on fait de grand progrés ; mais il faut de la conſtance.

LIV. EMBLEME.

Cette Embleme eſt d'autant plus raviſ-
ſante quelle eſt toute d'amour ; vous y
voyez ſous un prodige de la nature, le plus
grand de la grace ; c'eſt une pierre d'aimant
à laquelle ſont attachées pluſieurs aiguilles
les unes aprés les autres, par la vertu de cet-

te pierre ; les premieres qui l'ont reçûë, communiquent à celles qui les suivent, *&
trahit & unit*, l'aimant se les attire & les unit entre elles ; en cela ne decouvrés-vous pas les merveilleux charmes de l'amour divin en Jesus-Christ, dans son tres-adorable Sacrement de l'Autel, où il s'attire toutes les ames saintes & se les unit, & elles entre elles par cet admirable bien de la pure charité ? ô cher amour, qui vous connoîtroit bien, ne s'attacheroit-il pas inseparablement à vos beautés & à vos douceurs ineffables. Demandés à ces grandes ames qui demeurent les 7. & les 8. heures à genoux devant ce trône du bel amour, ce qu'ils y trouvent, & ce qu'ils font pour meriter un si long & un si doux entretien, qu'à peine on les en peut distraire ; & rendés-vous digne de cette grace, en les imitant.

LV. EMBLEME.

DE *noftro pendimus omnes*, disent les mouches à miel, que vous voyés icy dans leur ruche, nous payons toutes du nô-tre, & cire & miel ; elles vous apprennent à payer les Dîmes que Dieu a ordonnées pour l'entretien de vos pasteurs, & c'est un larcin sacrilege, de ne le pas faire selon l'ordre ; parce que c'est derober à l'Autel, si vous y avés manqué ; la restitution est vôtre remede.

LVI. EMBLEME.

ON a depeint icy un Soleil, qui détache une exhalaison de la terre, & qui l'attire à foy pour la changer en un beau phenomene, c'eſt ce que ſignifient ces deux mots; *tollit & attollit*, il détache & éleve; c'eſt la fin de la grace de détacher l'ame de la terre & de tout ce qui eſt ſenſible, pour la changer en ſoy-même en la puriſiant; & plus on avance en grace, plus ſe puriſie t'on, & moins aime-t'on la terre & tout ce qui en eſt. Vous pouvés voir par l'affection que vous y avez, le progrez que vous faites dans la voye des Saints; & ſçachés que plus vous accorderés à la grace, plus elle vous demandera, afin de recompenſer plus avantageuſement vôtre generoſité.

LVII. EMBLEME.

VOus voyés ici des oyſeaux qui dorment, pendant qu'un d'eux fait ſentinelle contre les ſurpriſes de leurs ennemis, *te cuſtode quieti*, nous ſommes en repos, diſent-ils en leur façon, tandis que vous vous nous garderez: cela n'eſt-il pas vray de vôtre ſaint Ange Gardien, qui depuis le moment de vôtre naiſſance, veille de jour & de nuit à vôtre conſervation contre les demons, qui ne cher-

chent qu'à vous nuire & à vous perdre ? quelle reconnoiſſance neanmoins lui temoignez-
vous de tant de bons offices qu'ils vous rend ?
bien au contraire, peut-être que vous faites
en ſa preſence,& ſans reſpeĉt, des choſes qui
vous feroient rougir ſi ſeulement on les ſça-
voit. Ah ! reſpeĉtez & remerciez tous les
jours de vôtre vie ce Prince du Paradis, ſi
obligeant & ſi bien-faiſant.

LVIII. EMBLEME.

COmme tout homme (ſi vertueux qu'il
ait été pendant ſa vie) ne doit point
ſortir de ce monde qu'avec la penitence , je
la reïtere ici, pour commencer les Emblemes
qui regardent les dernieres fins de l'homme ;
ſon beau ſymbole eſt un arc-en-Ciel courbé
devant le Soleil , & ſe fondant en une douce
pluye, avec ces mots qui en font l'ame ;
flectitur & rorat, il ſe courbe & ſe diſtile en
roſée : Voilà ce qu'eſt un homme de bien à
l'heure de la mort devant Dieu ; il l'adore avec
un profond reſpeĉt, & par une grande humi-
lité, reconnoiſſant qu'il l'a offenſé,il en pleure de regret. O la belle mort accompagnée
de ces nobles ſentimens !

LIX. EMBLEME.

VOici une Embleme bien contraire à la
precedente , elle eſt de l'impenitence

finale ; c'eſt à dire d'un homme qui meurt
chargé de la maſſe horrible de tous les pechez de ſa vie, ſans un veritable regret d'a-
voir offenſé Dieu ; cet homme eſt ſemblable
à cet arbre que vous voyez panché ſur le
bord d'un precipice, avec ces mots : *quò ver-*
git , cadet, il tombera du côté qu'il panche ;
cet homme a crû & s'eſt fortifié dans le peché qui l'a toûjours courbé vers l'Enfer ; c'eſt
donc une neceſſité qu'il y tombe : car comment porter cet arbre ſi fort courbé vers
l'autre coſté, quand on le coupera. Cela vous
fait entendre, pecheur, qu'il faut plûtot que
plus tard vous redreſſer vers le Paradis , &
prendre une autre route que celle que vous
tenez , autrement vous devez vous attendre
à une ruïne eternelle.

LX. EMBLEME.

TOut homme de bien, ayant à faire le
grand voyage de l'eternité , doit ſe munir auparavant d'un bon viatique : & le ſien
eſt le ſacré Corps de nôtre Seigneur, & comme il eſt un gage aſſuré de ſa gloire ; auſſi
eſt-il repreſenté ici par une lettre de change,
qui fait trouver au voyageur là où il va
tout ce dont il a beſoin, ſans danger d'être
volé. L'ame de cette Embleme ſont ces mots ;
j, *dabit illa , quod optas*, allez prenés avec
vous cette lettre , & elle vous donnera ce que
vous ſouhaittés.

LXI. EMBLEME.

DAns le dernier paſſage de cette vie en l'autre, il faut être bien armé pour ſe défendre avec vigueur contre les ennemis de ſon ſalut, leſquels feront leurs derniers efforts pour perdre une ame ; n'ayant plus que ce moment de temps pour travailler à ſa ruine. C'eſt pour cela que nôtre Seigneur ne nous voulant pas abandonner dans cette fâcheuſe rencontre, nous a donné l'Extreme-Onction pour nous ayder à nous defendre. Ie vous ay repreſenté cette armure par un Collier de fer qu'on met au cou d'un chien afin de ſe mieux defendre contre les loups; pour l'ame ſont ces mots, *abhis audacior armis*; cette armure lui donne plus de hardieſſe. Ayés donc un grand ſoin de vous munir de ce Sacrement, & de le recevoir dans les ſentiments d'un vray penitent.

LXII. EMBLEME.

VOicy donc la tentation, à laquelle il faut s'attendre, & qui ſera furieuſe dans les uns contre la foy, dans les autres contre l'exiſtéce de Dieu, dans ceux-ci contre les Sacremens, & dans ceux-là contre leur ſalut, *&c.* Ie vous depeint ici un homme de bien avec ſes bonnes habitudes, leſquelles ſont la ſeule

chofe , qui agira pour lors , fous la figure
d'un porc-epy attaqué par des chiens , & contre qui il lance fes aiguilles avec tant de force & d'adreffe , qu'ils font obligez de quit-
ter leur entreprife ; auffi dit-il par ces mots ,
non impune laceffor , on ne m'attaque pas im-
punément. Un homme de bien repouffe de
même les tentations par la vigueur de fa foy
vive , & par la force de fes bonnes habitudes.
Faites-en donc bonne provifion , puis que la
nature defaillant , il ne vous reftera plus que
cela pour vous defendre , & fi pour lors celles de vôtre vie font mauvaifes , que devien-
drez-vous ?

LXIII. EMBLEME.

JE vous reprefente ici la grace finale ,
qui doit fermer nôtre vie , fous la figure de la Clef d'une voute , avec ces mots ;
ruam fine te , je tomberay fans vous ; car en
effet toute la voûte n'étant foûtenuë que par
cette clef , toute la ftructure s'ébouleroit fans
elle ; Helas ! que deviendroient les plus gens
de bien fans cette grace de la perfeverance ?
toutes leurs vertus , tous leurs merites , & toute leur bonne vie ne ferviroit de rien , & tom-
beroient dans l'abîme. Jugez-donc , puis que
tout nôtre bonheur en dépend , ce que nous
devons faire pour l'obtenir de Dieu , aprés
les exemples funeftes que nous avons de plu-

fieurs , qui ont mal fini , aprés avoir bien commencé. J'ay combattu,dit faint Bernard, mais je ne tiens pas la couronne , & aprés avoir furmonté les tempêtes de la mer , je ne fuis pas encor au port.

LXIV. EMBLEME.

ENfin nous voici au terme de nôtre vie , qui eft la mort, & vous la voyez ici fous fa figure ordinaire, qui eft une faux dans un pré , fauchant & fleurs & herbes, bonnes & mauvaifes , grandes & petites , *fecat æquè* , elle fauche également tout : La mort en fait de même,comme vous voyez par experience, fans pardonner ni aux Roys ni aux Bergers, ni aux Enfans,ni aux Viellards. Voila où toutes les grandeurs aboutiffent , & dont il ne reftera rien en ce moment fatal. He ! pourquoy donc ne penfe-ton pas plus qu'on ne fait , qu'on n'emportera rien dans l'eternité que le bien & le mal qu'on aura fait ? & fi on y penfe , pourquoi s'attache-t'on donc fi fort aux biens qui pafferont comme un fonge, & qu'on commet mille pechés pour en avoir ? O folie extrême de l'homme !

LXV. EMBLEME.

JE viens de reprefenter la mort en general; la voici dans le particulier dans cette Em-

bleme & dans le ſuivant : Dans celle-ci vous
voyés une roſe qu'on a cueillie, & qui aprés
ſa mort ne laiſſe pas que d'étre belle , & de
reſpirer encor la bonne odeur qu'elle avoit
ſur ſon buiſſon d'eſpines : *ſpirat adhuc.* O que
la mort d'un homme de bien eſt precieuſe devant Dieu, devant les hommes, à lui-même,
& en elle-même, ce n'eſt pas une mort, quoy
qu'il le ſemble aux méchans, mais un doux
ſommeil , pendant lequel il ne laiſſe pas que
de reſpirer ; il eſt vray qu'il n'eſt plus dans
les ſouffrances, non plus que la roſe ſur ſon
buiſſon , mais la beauté de ſa vie éclatte encor plus , & la bonne odeur de ſes vertus a
cela qu'elle ſe fait bien plus admirer. Imitez-
les donc pour joüir de leur bon-heur, puis
que vous voudriez mourir comme eux ; en-
treprenés, & continués de vivre comme ils
ont vêcu.

LXVI. EMBLEME.

LA mauvaiſe mort eſt ici repreſentée ſous
la figure d'une fuſée qu'on a tirée, & qui
s'étant crevée en l'air ne laiſſe en retombant
que ſa carcaſſe & de la puanteur ; c'eſt ce
qu'expriment ces mots, *tanto de lumine fœtor;*
il ne reſte de ſon grand éclat que de la mauvaiſe odeur , n'ayant pû rien produire autre
choſe du ſoulfre & du ſalpêtre qu'elle avoit
dans ſon ventre : telle eſt la mort des grands,

qui ont mené une mauvaise vie, quoy qu'elle ait eu beaucoup d'éclat dans le monde , dans le fond on dit aprés leur mort ; c'étoit un vicieux , un blasphemateur, *&c.* Celle des méchans en general , ressemble aux arbres des forests qu'on ne coupe que pour les jetau feu. Quelle mort ! quelle est terrible, & neanmoins sans remede ; De quoy leur aura servi tout ce qu'ils auront fait , sinon pour les brûler pendant toute l'éternité ?

LXVII. EMBLEME.

VOicy le tribunal , où il faudra rendre compte de toute sa vie à un Juge terrible ; infiniment éclairé pour connoître jusqu'à un atome , inflexible, incorruptible & severe jusqu'à la derniere rigueur. Je vous represente son jugement par un miroir, avec ces mots, *cuique suum reddit :* il rend a chacun le sien ; tel qu'est vôtre visage, tel aussi vous le represente le miroir : ô Dieu ! comment n'apprehende-t'on pas le jugement rigoureux , qui a fait trembler tant d'ames saintes ; & vous qui menés une vie bien contraire à celle qu'ils ont mené, non seulement vous ne tremblés pas , mais vous n'y pensés pas ? & peut-étre n'en êtes vous pas loin.

LXVIII. EMBLEME.

SI le Paradis est le grand theatre de la magnificence de Dieu, la terre celuy de ses misericordes; l'Enfer celuy de sa Justice; le Purgatoire est celuy de sa pureté infinie, laquelle ne peut souffrir la moindre tache, ny la moindre tortuosité. C'est pour cela qu'il faut un Purgatoire, ou je vous represente une pauvre ame sous la figure d'une verge de fer, rouillée & un peu tortuë sur une enclume & sous le marteau, avec ces mots, *reddat ut norma decorique primo*; c'est pour me rendre ma premiere beauté. O qu'ils sont rudes ces coups de la Justice d'un Dieu, & s'il est vray, comme il est fort probable, que le Purgatoire ait les mêmes tourmens & les demons de l'Enfer pour satisfaire à Dieu dans cette prison; jugés ce que souffrent les pauvres ames qui y sont, sans pouvoir s'aider ni se soûlager que par les aumônes, par les souffrances, & par les prieres des vivans, si elles ne sont pas dignes de compassion, sur tout êtans saintes; & si elles ne meritent pas bien que vous en ayés pour elles? & que vous les soulagiés, pour en meriter le même secours quand vous y serés?

LXIX. EMBLEME.

Nous avons icy le grand changement, qui se fera au jour de la Resurrection generale, laquelle suppose l'immortalité de l'ame qui est de la foy, & de la croyance de tous les barbares, parmi lesquels j'ay vécu long-temps ; j'exprime l'un & l'autre, par le changement du ver à soy en un papillon au sortir de sa coque, avec ces mots, *in novum mutor :* je prens une nouvelle naissance, & suis changé en un autre. Cette Embleme est pour la resurrection des bons ; mais les méchans ne laisseront pas que de ressusciter: les uns pour la gloire du Paradis, & les autres pour les tourmens de l'Enfer ; desquels voudriés-vous être pour lors : faites-en le choix dés à present, car soyés seur que tel que vous serés pendant vôtre vie, vous le serés pour lors.

LXX. EMBLEME.

Nous entrons dans le païs immense de l'eternité, laquelle pourtant ne consiste qu'en un point, & ce point supporte toute l'eternité des tourmens que jamais un damné souffrira ; comme il porte tous les biens dont jamais un bien-heureux jouïra ; & comme Dieu jouït en chaque instant de

son eternité de tout le bon-heur dont il eſt
capable, ſans pouvoir avoir un bien qu'il
n'ait pas à preſent ; auſſi le bien-heureux
dans le Ciel & le mal-heureux dans l'Enfer,
ont dans l'inſtant de leur eternité tout ce
qu'ils auront jamais. C'eſt pour cela que je
vous repreſente ces deux eternités, ſous la figure de deux globes ſur un plan, avec ces
mots, *in puncto totum gravitat* : tout poſe ſur
un point, c'eſt à dire, toute la maſſe du glo-
be ; ainſi toute l'eternité de bien & de mal,
eſt toute par chaque inſtant. C'eſt à vous de
voir à laquelle des deux vôtre vie vous en-
gage, pour n'en ſortir jamais, & de bien
conſiderer & d'apprehender ce jamais effroyable.

LXXI. EMBLEME.

GEns de bien, je vous repreſente icy la
recompenſe que Dieu vous prepare;
mais quelque figure que j'en puiſſe donner,
elle ſera toûjours bien moindre que la reali-
té. C'eſt un Palais hors duquel on a jetté les
baliûres, leſquelles ſont des perles, des dia-
mants & pluſieurs pieces d'or, avec ces mots,
ha ſordes, quid intus ; voila les ordures,
jugés qu'elles ſont les richeſſes du dedans;
j'appelle comme les baliûres du Paradis, le
Soleil, les aſtres, nos pierreries & tout ce
que la terre a de riche, qu'à la verité Dieu

fait en se joüant ; encor étoit-ce trop pour
des prisonniers tels que nous sommes en ce
monde, coupables pour nos crimes des sup-
plices eternels ; si donc ce que nous voyons
est si precieux, qu'il ensorcelle pour ainsi
dire les hommes ; si Dieu a donné à l'homme criminel des choses si precieuses, & si
delicieuses pour contenter ses sens dans sa
prison, que n'a-t'il pas preparé pour ses
amis innocens dans le Paradis. Jugés-en
& vous encouragés à tout souffrir, pour avoir
le bon-heur d'y entrer un jour.

LXXII. EMBLEME.

ENtrons dans l'Enfer en vie, de peur d'y
être precipités aprés la mort, & consi-
derons-y bien ce qui s'y passe ; & pourquoy
les choses y sont telles que nous les décou-
vrirons par la foy. Tout ce que je vous en
peu dire en peu de mots, est qu'il n'y a plus
là de grace, de pardon, ni de misericorde à
esperer. Je vous le depeins icy sous la
figure d'un puis fermé, où les rayons
du Soleil ne penetrent point, avec cés
mots qui le signifient, *luci invius omni*,
c'est à dire, qu'un damné est à souffrir dans
cet affreux abîme pendant toute l'eternité;
sans que pas un bien-heureux pense seule-

ment à luy procurer le moindre bien, & s'il
pense à luy, c'est pour se réjoüir de ses tourmens. O condition effroyable ! état redouta-
ble ! affreuse & inconcevable eternité !

PERMISSION.

*Soit montré au Procureur du Roy. Mandant,
& fait à Dijon ce 24. Novembre 1681.*
Signé, I. DECLUGNY.

JE consens pour le Roy, que le present Livre soit imprimé, vendu, & debité
par ledit RESSAYRE. Fait les jours & an
susdits. *Signé*, TISSERAND.

NOus permettons à JEAN RESSAYRE,
Imprimeur & Libraire à Dijon, d'im-
primer, vendre & debiter le Livre intitulé,
Explication du Jeu, du Point au Point ; avec
les défenses requises. Mandant, & fait à
Dijon les an & jour susdits.
Signé, I. DECLUGNY.

www.ingramcontent.com/pod-product-compliance
Lightning Source LLC
LaVergne TN
LVHW022315170726
843503LV00006B/2522